저 꽃구름을 접으면

제5집

전순선 시집

저 꽃구름을 접으면

눈부신 오월

저 꽃구름을 접으면

천상의 어머니 모습이 보일까

책을 내며

시력 20년 다섯 번째 시집을 내면서도
시 짓는 문턱에 들어서면
여전히 고민하며 숙연해집니다.
천부적인 재능이 아니기에
수십 년간 시를 써도
나의 시는 붙잡으려 하면
안개처럼 사라지고,
외진 곳에 의미 있는 시의 옷을
입혀보려 애쓰지만 서툴러
문학의 글쟁이로는
소심하고 단단하지 못하여
한동안 멈추어 있기도 합니다.
'좋은 시 한번 써보자'
'한 그루 떨기나무처럼 활활 타오르자'
하지만 나의 달란트는 여기까지인 것 같아
그저 일상 속 소박한 시 한 줄
그 문장들이 나를 붙들고 위로하며
그 시간이 나를 살게 하는 힘인 것 같습니다.

이번에 출간하는 시집에
한마음으로 기꺼이 축하 글을 써주신
동두천문협 역대 지부장님들께 진심으로 감사한
마음을 전합니다.

특별히
바쁘신 중에도 표4 글을 써주신
신달자 교수님께
진심으로 감사드립니다.
낯선 저에게 자애롭게 대해주시던 모습
오래오래 영광의 시간으로 스며들 것입니다.
문인들의 주위를 환하게 밝히시는 힘
언제나 문학소녀이시길 소망합니다.

이번 시집은 저에게 큰 의미의 시집이 될 것 같아
벌써 가슴이 설렙니다.

2025. 7월에

전 순 선

차례

책을 내며 … 4

제1부
첫눈이 시로 오는 날

꽃 숨처럼 … 14
들 꽃 … 15
이팝나무에 기적이 생긴다면 … 16
입 춘 … 17
저 꽃구름을 접으면 … 18
모래밭에 서 있는 여자 … 19
산들바람 삼태기로 담아와 … 20
열대야 … 22
에덴의 비 … 23
수락산 도토리 … 24
가을이 가을인 척 … 25
가을이 오는 소리 … 26
가을은 비밀 공유가 안 되는데 … 27
꽃피는 겨울밤 … 28
첫눈이 시詩로 오는 날 … 29
쌍화차 … 30
솜사탕 … 31
크리스마스트리 … 32

제2부
이젠 넘어지지 마

36 ··· 아버지의 담배

37 ··· 조각 이불

38 ··· 늦둥이

39 ··· 첫돌 사진

40 ··· 진부령 벚꽃

41 ··· 엄마의 몸에서 빠져나오지 못하고

42 ··· 건봉사 불이문

44 ··· 둘이 살고 있는데

46 ··· 어버이날

47 ··· 내 옆지기

48 ··· 하늘을 날던 꿈 이야기

50 ··· 하필이면

51 ··· 그림자

52 ··· 이젠 넘어지지 마

54 ··· 인 생

55 ··· 호박 씨앗

56 ··· 허수아비의 기다림

57 ··· 바벨탑

58 ··· 입원실에서

차례

제3부
물소리를 꺼내 봐

동창 칠순 여행 … 62
해운대 … 63
최후의 만찬 … 64
청풍호 … 65
어린 왕자의 기다림 … 66
문배마을 … 68
가사도 … 69
울돌목 1 … 70
울돌목 2 … 71
물소리를 꺼내 봐 … 72
동창회 … 73
우정의 변곡점 … 74
관악산 산행 … 75
공원 농구장 … 76
활기찬 언어 택배로 오다 … 77
사과 한 입 먹다가 … 78
철봉에 매달리며 … 79
지혜롭게 구별하는 사람들 … 80
우 산 … 81

제4부
뻐꾸기 울음소리

84 … 나무들의 밀서

85 … 시는 종교의 통로

86 … 대나무

87 … 노인과 개

88 … 마법의 별빛

89 … 어이타

90 … 금 간 항아리

91 … 저 희망찬 소리들

92 … 뻐꾸기 울음소리

93 … 망배단

94 … 시 계

95 … 사람의 두 꼬리

96 … 아메리카노

97 … 너무 일찍 왔나 봐

98 … 마늘밭

99 … 비닐우산

100 … 반려견 잠든 숲에서

102 … 어떤 물고기의 생

105 … 제5시집 축하 글(동두천 문협 역대 지부장)

124 … 전순선 시인, 문단 발자취

제1부

첫눈이 시로 오는 날

꽃 숨처럼

문밖에 아른거리는 햇살 하나
무딘 감정에 살며시 노크를 해댄다

도시는 겨우내
혹한 얼음골에 박제되고
진종일 스마트폰에 갇혔던 내게

설레는 봄바람
소곤소곤 찾아와
꾸러기 세포들 살며시 부추기어

봄볕이 움트는 골목으로
자꾸 손짓하며 꽃 숨처럼 보채고 있다

들 꽃

숲길의 앙증맞은 손짓에
차마 지나치지 못하고 바라보았어
이름 모를 싱그런 들꽃들이
봄 햇살 간지럼 타고
곁에 풀꽃들은
바람을 속삭이고
빗방울 송송 노래하며
햇살 아래 옹기종기 모여
그들의 터를 누리는
새삼 평화로운 풍경을 보았어
그냥 하늘이 주시는
욕심 없는 공기로 숨 쉬며
도란도란 어우러진 그들의 세상
참견 없이 바라보는 내내
탁한 가슴 정화되는 듯 평안을 느꼈어

이팝나무에 기적이 생긴다면

잔디밭 푸른 나무들의 추앙을 받으며
초연히 서 있는 하얗디하얀 나무
가지마다 찬바람 시련을 넘어
눈 부신 햇살로 피워낸
이팝의 고고한 자태에 빠져
몇 날 며칠 자꾸만
시선을 붙잡는 건 무슨 조화일까
마치 경이로운 땅에
한 그루 신성한 나무처럼
내 안에 잔잔한 파동이 일며
그냥 끌리듯 영화롭게만 보인다
문득, 어느 날
신의 가호로 이팝나무에
이밥이 주렁주렁 열리는 기적이 생긴다면
그런 기적이 일어난다면
초근목피의 생을 살아오신
우리 부모님 얼마나 좋아하셨을까
올망졸망 어린 입속에 하얀 이밥 들어가는 것을

입 춘

1
촘촘한
햇살의 화살들이
내 심장 봄빛으로 쏘아댄다

2
추위 뚫고
지상에 온 햇살 하나
울 엄니의 따뜻한 눈빛 같다

3
아이들
재잘대는 청량한 소리
곧 봄소식이 올 것만 같다

4
얼음처럼
굳어진 내 맘
네 웃음에 봄눈처럼 녹는다

저 꽃구름을 접으면

눈부신 오월
저 꽃구름을 접으면
천상의 어머니 모습이 보일까

촉촉이 젖는
눈물의 봄비 접으면
무지개다리에 어머니 모습 보일까

아니, 아니야
오목하게 아픈 내 맘 접으면
어머니 그제야
오월 꽃구름 속 환하게 웃으실 거야

보고픈 마음 하나
폴폴 풀어 파아란 하늘 만지작거린다

모래밭에 서 있는 여자

숨마저 흔들던 바람은
손끝이 닿지 않는 허공 속에 맴돈다
현기증처럼 어지러운 세월
허한 맘 부여잡고
바닷가 모래밭을
기웃기웃 서성이는데
코끝을 간질이며
풍겨오는 유년의 해금내
귓바퀴에 걸린 자맥질 소리들
파도타기로 달려와
내 안에 하얗게 부서진다
기억의 저편
흩어지는 날들 담으려
고운 모래밭에 발목을 묻고
바닷바람 맞으며 동상처럼 서 있는 여자

산들바람 삼태기로 담아와

맴~맴 여름 소리
한나절 허공에 번지는 생존의 소리
무더운 공기층을 뚫고
귓바퀴에 앉아
서서히 뒤태를 보이는 계절이
교차로에 신호를 보내는데

온난화 지구는
속수무책 점점 뜨거워지고
기후환경의 가속은
지구촌 기상이변과
신종 바이러스로
무지한 인류를 위협하는데
어느 근심이
괜찮다 괜찮다
뚫리는 오존층 걱정하려나

무섭게 지상을 달구는
목 타는 태양 아래
매미 소리는 저리도 처절하게 들리는데
그 음절 번역하면 알 수 있을까?

내 어린 시절
그 여름의 소리 한가득 품은
산들바람 삼태기로 담아와
유난한 여름 시원하게 보내고 싶은데

열대야

덥다 덥다 별빛도 늘어지는 아우성
전시도 아닌데 온통 잠 못 이뤄 난리 난리다

산천초목
대서大暑의 집착으로 열이 펄펄
밖으로 떼 지어 나가도 보건만

온난화의 가속화로
지구는 연일 무섭게 달아오르니

그래도
시원한 물 열대야쯤 등짝에 퍼부으면
시원타 시원타 열대야 찜통의 밤을 잊으려나

펌프 물 대야에 받아
엄마랑 등목하던 시원한 여름밤으로 떠나볼까?

에덴의 비

온 산야가 이상기온으로
턱턱 숨 막히더니
하늘 단비 시원스레 내리던 날
모두가 부산스럽게
샤워 준비를 한다
초록잎 나무도
산짐승들도
집 앞 텃새들도
들녘의 농심들까지
경건한 물세례를 받으며
더 푸르고
더 아름답고
더 풍성해질 거라고
에덴의 비 온몸으로 맞으며
옹알이하는 모습 참 아름다운 세상이다

수락산 도토리

후두둑 툭툭 숲속의 소리들은
가을 산 심장이 뛰는 역동의 순간들이다

갈참나무들은 수락산을
걸머지듯 빼곡히 들어차 있으며

먹이를 주는 어미 새처럼
여름 동안 주렁주렁 슬어놓은
깍정이 속의 알들을 함께 나누고 싶어

종일 두터운 소리로
숲속의 친구들을 부르고 있다

도토리 한 알 주워 들고
지난날 도토리묵을 만들어 주시던
어머니 생각을 하는데

어깨를 툭 치는 무언가에 놀라
그건 또 한 알의 도토리
탱탱한 가을이 그리움처럼 널브러져 있다

가을이 가을인 척

요즘 계절이 수상하다
봄인가 했더니 한껏 더위에 떠밀리고
여름과 겨울 사이 온통
붉던 가을도 온전히 제시간 붉어지지 못하고

울상인 봄은 그저 봄인 척
도적맞은 가을도 그냥 가을인 척
몽당연필처럼 점점 짧아지는
작금의 계절이 보이는 기이한 현상들

어느 계절에 하소연해야 할까
생태습지를 보존하고
산새들의 숲 공기와 아침햇살을 부려놓는
그런 봄 여름 가을 겨울

그런, 사계절 곳간마다
풀등을 세우는 생명체가 쌓이고
나무는 저마다 단단한 근육을 키워
아름다운 이 강산 오랜 계보系譜 푸르게 지켜주기를

가을이 오는 소리

공원 잔디밭의 까치들
가을을 물고 푸드덕 날아오른다

삼삼오오
동네 정자로 모인 할아버지들
장기판에 가을 훈수 드느라 야단들이다

가장자리에 널어놓은
빨강 고추는 수줍게 가을볕을 타고

동네 꼬마들은
청량한 가을 소리 떼로 끌고 와
엄마 귓속에 싱숭생숭 바람을 넣는다

가을은 비밀 공유가 안 되는데

당신을 닮은
가을이 발끝으로 살그머니 오네요
도토리, 알밤 은밀히 떨구며

떠들썩한
상춘객의 화려한 물결을 벗어나
남쪽으로부터 오고 있네요

그래도
천고마비의 풍성한 소리들
가을은 비밀 공유가 안 되는데 어쩌죠

꽃피는 겨울밤

창호지 문틈으로
날갯짓하는 엄동 바람과
밤새 당당히 맞서는 문풍지의 기세
문고리 단단히 건 식구들은
옹기종기 북풍의 밤을 이겨내고 있다

호야 불 아래
아버지는 일찍 자리에 드시고
어머니는 화투패를 떼고
오빠랑 나랑은
우적우적 동치미를 먹어대며
달빛에 일렁이는 빨래 그림자에
화들짝 놀라 이불 속으로 파고들던 유년의 날들

토막토막 여윈잠에
얼음골 같은 그때를 꼬옥 붙잡고
둥그머니 기대어 있으면
화석 같은 내 안에 모락모락 꽃이 피어난다

첫눈이 시詩로 오는 날

공명한 하늘이 지상에 시를 짓는다
추앙받는 신의 작품을 완성하기 위해
하얀 시어들 사박사박 꽃나비를 보내고 있다

봄여름가을 시제로
가슴 뛰는 행복한 상상을 주시더니

고요한 시 한 수
나무의 행간마다 화려한 눈꽃 시를 쓰고
지붕 위엔 포근한 바탕 시를 쓰고,
숲에는 겨울 동화를 쓰고
공원 벤치와 아이들 발자국에도 쓰고

지상의 허물 하얗게 덮으니
울퉁불퉁 꼴불견이 사라지고
다툼 없는 평화로운 낙원을 만든다

하늘 이야기 소복소복 첫눈이 시로 오는 날
사랑하는 그대 가슴에 함박함박 첫눈이 시를 짓는다

쌍화차

겨울 어느 날
카페에 차 마시러 들어갔어
뭘 마시지, 당신과 나 서로 바라보다
약속이나 한 듯 '쌍화차'
우린 동시에 큰소리로 웃었어

아담한 공간의 커피숍
온통 진한 커피 향으로 물들고
청춘들의 카페인 양
옆자리 젊은이들이 흘깃흘깃
낯선 이방인처럼 쳐다보는 거야

찻잔에 동동 뜬 잣과
붉은 대추 어우러진 쌍화차
쥔장의 수제 차는
부드러운 감칠맛이 혀를 감싸며
추운 날 보약처럼 목 넘김이 참 좋았어

오래전 달걀노른자 동동 띄운
추억의 다방, 누군가의 가슴이 뛰기도 하였는데

솜사탕

어린 소나무들이
하얀 솜사탕 하나씩 입에 물고
야트막한 언덕길에 환하게 서있다
하늘이 내려준 순백의 만나
푸른 손 뻗은 솔가지마다
송이송이 탐스럽게 열려
지나는 눈길마다
찬사로 붙들고 있다
천진스러운 모습
아이들 특혜로 여겼는데
사계절 자연 속에도 있었으니
제철 아닌 꽃나무들이
서로서로 어깨동무 어우러져
밤새 함박눈 빚어
환희의 솜사탕 축제를 연다
시린 줄도 모르고 뽀득뽀득 눈 뭉치는
아이들처럼 마냥 싱그럽고 예쁘다

크리스마스트리

동방의 성근 별 몇 개 따다 걸어보자
은하수도 한 움큼 퍼다 뿌려보자
양떼구름도 쉬어 가게 하자

눈부시게 치장하여
루돌프 사슴 반짝이는 코로
금종, 은종 울리게 해보자

예쁜 양말도 걸어보자
우는 아이, 착한 아이
산타할아버지의 선물도 준비하자

반짝반짝 크리스마스트리 완성되었다
정작 내 영혼엔 동방박사
쉬어 갈 작은 트리 하나 만들지 못하고 있다

제2부

이젠 넘어지지 마

아버지의 담배

어쩌다 물 좋은 날 귀한 거북선이 들어온다
한민족의 오랜 역사 속에 기억되는
위대한 명성 때문일까
감히 거북선의 포구에 불 댕기는 것이
아버지는 꽤나 버거우신가 보다
며칠간 곰곰이 결심한 듯
동네 가게에 가셔서
뜻밖에도 물물교환하시고
에헴, 헛기침하는 아버지의 표정은
몇 갑의 환희로 매우 밝아지셨다
그 후 가끔씩
늦둥이에게 심부름시키면
난 값진 거북선을 들고
낯선 동네처럼 문을 빼꼼히 열면
다행히 가게 아저씨는
환하게 맞으며 환희 몇 갑을 건네주셨다
서당書堂의 학문은
새로운 문명에 깃들지 못하고
긴 곰방대로 덧없는 세월을 태우시던
노을 짙은 아버지의 모습이 와락와락 다가온다

조각 이불

재봉틀에서 누생의 천들이
엄마의 손끝에 간택簡擇되어 부활하며
정교하게 한 자리들을 차지하고 있다

양배추 같은 보퉁이들을
방 안 가득 풀어놓고
하늘색 감색 진달래색 똥색 쥐색 수박색

그렇게 반짇고리를 뒤적이며
몇 날 며칠 공들여 집중, 집중하더니

애면글면 탄생한
조각 이불보와 예쁜 밥상보
내 유년의 날들 조각 이불 펴놓고
하늘 바다 꽃무지개 등 찾으며 놀곤 하였다

엄마의 조각 이불은 우주였다
한 생을 조각조각 여미던 그 마음, 우주였다

늦둥이

쉿, 바람의 입술이
눈치채지 못하게 꽁꽁 싸매야 한다
좁은 골목에 든 바람이
남세스럽게 흉할라 시치미 뚝 떼야 해

사시절 꽃으로 살지 않아
꽃잎 진 줄도 모른 마흔다섯의 당신
배부른 수치심보다는 아들이길 바라셨는데

입 하나 덜기 힘든 시절
1남 6녀라는 女혹 하나 더 얹어드렸으니
집 앞에 금줄이나 쳤을까

겉돌던 내 삶은 단단히 여물지 못해
낱장처럼 바람에 흔들리고
어머니는 늘 막내딸 걱정이셨다

서쪽 능선 주름진 민낯이 돼서야 돌아온 탕자처럼
밤마다 베갯머리에 얼굴 묻고 어머니를 부른다

첫돌 사진

노년의 부부가 사는 집은 늘 단조롭다
대화 내용도 그리 길지 않고
TV 시청도 취향에 따라 거실, 안방으로 나뉘는

그런 집안에
아침마다 눈 뜨면
거실 장식장에 예쁜 머리띠 두르고
새하얀 젖니로 배시시 웃는
천사 같은 아이를 보면
썰렁한 집안에 온화한 공기가 감도는 듯
내 목록엔 없지만
그냥 마음이 평화로워진다

사랑스러운 손녀 첫돌 사진
미소지며 바라보는 남편의 누름돌 감정
긴 호흡의 할아버지 그리운 허기가 내게도 전해진다

진부령 벚꽃

가슴 한켠에
몰래 피우는 꽃 점 하나

초록 물감 번지는
오월 산비탈에

하얀 덧니 드러내며

저만 환하게
웃고 있는 진부령 벚꽃 하나

엄마의 몸에서 빠져나오지 못하고

당신 속에서 빠져나온
내가, 세상의 한복판에 있을 즈음
당신은 이미 물렁거리고
당찬 기세는 꺾이고
말문조차 줄어, 두 눈은 늘 젖어 있었다

삯바느질과
손바닥만 한 밭뙈기로
사철 밥상을 차리던 투박한 손끝에서
슬픔처럼 밥알을 씹어대던 그날들

당신의 체취가 그리워
오랜 골목의 문을 밀고 들어서니
그리움의 뿌리가 깊어지고
그 뿌리를 더듬던 난 심장이 찔리듯 아팠다

내 몸 비스듬히 기울더니
곳곳에 엄마의 몸이 만져지고
저문 들녘에 서서 엄마 맘 읽어내느라
난 아직 엄마의 몸에서 빠져나오지 못하고 있다

건봉사 불이문

그 문으로
들어가고 싶었어
한국전쟁 당시 건봉사* 사찰 모두 유실되어도
신비롭게도 건재하고 있는 불이문
내 안의 무거움 내려놓고 싶어
그 문턱을 넘어갔었지

불자는 아니지만
진리는 둘이 아니고
오직 하나임을 암시하는 심오한 문
속세와 내세 둘로 나뉘지만
불이문을 통해 해탈의 세계로 가는 대웅전

내 안의 번뇌
다 비워내지 못해도
불이문 넘어 해탈의 경지에 도달할까?
아니야 비움과 채움
둘이 아니라 하나라 하잖아
비워야 (탐욕과 미움)
채워지는 (감사와 사랑)

그 참된 진리의
불이문 들어서도 여전히
제 맘 편하자고 변명을 흥정하는
난, 아직도 내 안의 공간이 덜 비워졌나 보다

*강원도 고성군에 위치한 사찰

둘이 살고 있는데

분명 둘이 살고 있다
현관의 신발을 보라
남자 신발
여자 신발
몇 켤레씩 널브러져 있지 않은가
방안에도 남자의 옷가지며 소지품이 널려 있다
밥?
날마다 얼굴 맞대고 잘 먹는다
그런데 어째서
둘이 사는데, 혼자인 것 같고
혼자 사는데, 둘이 사는 것 같을까
왜, 둘이 둘로 느껴지지 않고
혼자인 것 같을까
불행?
아니, 아니다
늘 삶을 감사히 여기고 있다
때때로 입안에 가시가 돋을까
전화 수다를 떨기도 하고
장난기를 발동해
남자의 웃음소리가 베란다 창을 넘기도 한다

현관의 신발을 보라
가지런히 놓여 진
남편 신발
아내 신발
분명 둘이 살고 있다
그럼, 인생은 본디 외로운 걸까?
아님, 무념 속의 또 다른 동행인 걸까

어버이날

마음 한구석 몹시 아리는 날이다
부모님은 닿을 수 없는 저 별나라로 가셨는데
진달래, 개나리꽃은 다시 피어나고
푸른 나뭇잎도 다시 돋아나고
꽁꽁 얼었던 강물도 몸 풀며 흐르는

만물이 생장하는 봄봄
하늘도 유리알처럼 푸르른 오월
매해 이맘때 찾아오는
어버이날 잊으셨나요?
아버지, 어머니 왜 아니 오시나요

꿈속에 환하게 오시면
붉은 카네이션 예쁘게 달아드릴게요
아니, 아니 하얀 카네이션꽃
눈부시게 달아드릴게요
철없는 어리광도 부리고 싶거든요

인생이 서툰 저 땜에 어머니 가슴은 늘 젖어있었죠
이제라도 의연한 모습 보여드리고 싶어요

내 옆지기

그 사람
그저 내 옆에 있을 뿐인데

난, 그 삶 속에 철들고
늦깎이 인생을 깨닫게 되고

더욱이
석양의 시간
함께 노을을 바라볼 수 있는

그 사람
어디든 툭 있어도
길 위의 든든한 내 옆지기라오

하늘을 날던 꿈 이야기

대만행 비행기 안에서
생각에 잠기다 문득 떠오르는 게 있었어
그건 생뚱맞게 어린 시절 날아다니던 꿈이야
아마 비슷한 경험을 했을 거야

언덕 위 높게 세워진 십자가 종탑
나의 활주로는 신기하게도
시골교회 비탈진 내리막길이었어
쏜살같이 내달리다 점프하면
신기하게도 내 몸이 두둥실 떠 신나게 날았었지
공중을 나는 설렘이란 정말 신비로웠거든

점점
세속의 삶에 속박되어
무거운 시간은 자꾸 바닥으로 내려앉고
내 꿈은 더 이상 날지 못하고 활주로도 가물거려
어디쯤 더 달려야
아이의 꿈처럼 다시 날 수 있을까

축 처진 날개, 청춘인 양 쫙 펴고 싶어
왜, 마음은 늙지 않을까?
오늘 밤 포근한 비행기 품에 기대어
그리웠던 유년의 꿈속으로 다시 힘차게 날아볼 테야

납작했던 내 안에 솔솔 하늘바람이 일고
어느새 가슴은 아이처럼 부풀고 있어

하필이면

밤하늘의 별만큼이나
바닷가의 모래알만큼이나
헤아릴 수 없는 수많은 사람 중에
하필이면 당신을 만났을까요

존재조차 알 수 없는
광활한 지구촌에
인류의 종족들이 붐비는 그 틈새에서
하필이면 당신을 만났을까요

비껴가는 인연 속에
하필 당신을 만난 것에 대해
노을빛 기대어 곰곰이 생각해 보니
허물뿐인 나, 그저 감사 감사뿐이지요

그림자

그림자조차
까맣게 잊고 살았던
어느 날
고갯마루에
덩그렇게 흔들리는
왜소한
내 그림자를 보았네
허깨비같이
흔들리는 바람의 그림자를…

이젠 넘어지지 마

어이없는 소란 들키고 싶지 않아
얼굴 감싼 채 가만가만 집에 가려는데
햇살 가득 문 나뭇잎들이 키득키득 웃는 것만 같다

붉은 노을빛에
눈 시리게 물들어 살다 보니
이젠 발밑의 분별이 무디어졌나
나도 어쩔 수 없는 저녁놀 서산 지기인가 보다

허공에 출렁이던 발은
순간 무참하게 몸통을 넘어트려
얼굴에 드리운 시퍼런 멍과
가슴근육통, 아~ 욱신거려
시멘트 바닥의 고얀 턱에
저녁을 앓는 나는 낯선 이방인의 모습이다

그럼에도 여전히
서쪽 산마루에 저장한
그림 한 폭이 저리 얄밉도록 눈부신 건

괜찮아, 괜찮아
저 아름다운 황금빛 기운 붙들고
이젠 넘어지지 마, 내 맘도 꼿꼿이 추스를 거야
토닥토닥 애써 나를 위로해 본다

인 생

지구촌 한 귀퉁이에
푸른 조명과 함께 연극의 막이 오른다

내가 주인공이고
내가 연출자이고
내가 시나리오 대본의 작가이다

연극의 관객은
저 높은 곳의 유일한 당신뿐

까닭 많은 내 인생
희로애락의 박수, 당신만 보낼 수 있으니까

호박 씨앗

하얀 편지봉투 안에
손톱만 한 씨앗들이
은밀하게 꿈틀거리고 있다

몇 해를 기다리다
제 존재를 찾으려는 듯
성큼 서랍에서
애호박 하나 굴러 나와
허락도 없이 얼크러져 자란다

어머니의 손길로
곱게 보관된 호박 씨앗
평생 따지도 않을
호박덩이 내 안에 눈물로 크고 있다

허수아비의 기다림

습한 곳에 뿌리박고
종일 다리 아픔으로 서 있는 너

볕이 따가워 낡은 밀짚모자 푹 눌러쓰고
한자리만 고집하며 서서
저토록 누굴 기다리는 걸까

새들이 사랑 노래로
예쁘게 다가와도
넌 그저 귀찮다는 듯이
두 팔로 휘이휘이 몸 흔들며
달콤한 속삭임을 거부하고 있다

달랑 옷 한 벌 걸치고
비바람 흉흉 찢겨지는 누더기 되어도
황금벌판의 야무진 가을사랑을 꿈꾸고 있다

−유년시절 허수아비를 생각하며

바벨탑

저 하늘까지 닿아서
창조주와 대등하겠다는 무모한
인간들이 힘을 합쳐 거대한 탑을 쌓고 있다
神께서 대노하시어
언어를 서로 다르게 하사
불통으로 더 이상 탑을 쌓을 수 없었다

현대판 바벨탑*
세계 인류에게 닥친 코로나 전염병
모이지 말고 흩어져라 호소한다

뭉치면 죽고
흩어지면 산다, 라는
웃지 못할 명언이 나돌고 있다
각자 사는 것이 잘 살아내는 것이라고
사람의 경계심도 일상이 되었고
과학도 백신도 안심 못 하는 이상한 세상이다
인간의 어리석음은 어디까지일까

*구약성서에 기록된 탑

−2022년 2월

입원실에서

헐렁한 환자복을 입고
제 키보다 더 큰 거치대에
분신처럼 혹처럼
링거액 두어 개씩 매달고
삶의 곡예에서
무겁게 무겁게
하염없는 원을 맴돌고 있다

다시 불꽃처럼 솟기 위해
생명줄 부여잡고
치유의 문을 두드리니
그 아픔이 인생임을 깨닫는다
간절한 마음으로
내일은 상승기류에 올라
희망찬 봄날이 되기를 기도한다

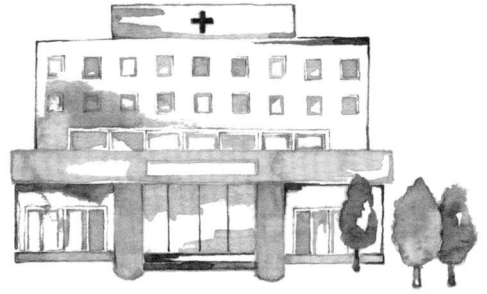

제3부

물소리를 꺼내 봐

동창 칠순 여행

새벽을 흔드는 고속열차
특별한 2박 3일의 일탈을 도모하며
해운대에 여장을 푼 열한 명의 꽃순이들

오월 햇살에 간지러운 파도 소리
곰살맞게 널뛰며 역주행하는 소녀들

하얀 동심의 보물찾기로
무공해 할매들 돌변, 해운대를 흔들며
지성과 우아함의 가면을 벗는다

자갈치시장, 국제시장, 송도 케이블카,
벽화마을, 해운대 스카이 캡슐, 동백섬 등
뚜벅뚜벅 수다로 누비던 시간

먼 훗날 노을마저 외로워지면
늑골에 촘촘히 새겨넣은 부산 칠순 여행
친구들 헤픈 모습 하나씩 꺼내어 맘껏 웃어 볼 테다

-후원한 벗들께 감사하며

-2024년 5월

해운대

불면의 해운대가 부른다
바다향을 품고 하얗게 부서지는 물결들
자꾸만 귓전에 속삭이듯 부른다

때 이른 5월
꽃순이들 맨발 여흥으로
그토록 내 심장 흔들어 놓고 가더니

정작 무르익은 여름
어이해서 아니들 오시는가

무수한 발자국들
퍼렇게 멍든 맘 흰 포말로 지워가며
그대 꽃순이들 언제 오시려나

그날 사랑이 아니어도
해변의 춤 함께한 해운대는 행복했었다고…

－동창 칠순 여행

최후의 만찬

싱그런 5월 남쪽 바닷가에
21세기 예수그리스도와 열두제자 만찬 초대에

하늘도 파르스름 단장하고
격랑의 바다도 파랑 호흡 다듬으며
경이로운 모래 축제에 일조하는 풍경이다

레오나르도 다빈치와 모나리자,
이삭 줍는 여인, 매릴린 먼로와 반고흐,
그리스 신화 제우스, 바다의 신 포세이돈

신화 속 세기의 축제로
발목을 붙잡는 눈부신 백사장
골격부터 머릿결까지 숨 쉬는 듯한
거대한 근육에 압도당한 20여 점의 모래 조각
감탄의 도가니에 빠진 웅장한 명작들

그 앞에서 가슴 뛰던 '최후의 만찬'
최상의 명예로 해운대 모래밭을 뜨겁게 달구고 있다

2024. 5월 해운대

청풍호

구불구불 깊은 산속에
옥빛으로 물든 거대한 호수가 보인다

푸른 어깨 맞닿은 산자락
허리춤까지 차오른 물의 손을 붙들고
사랑에 빠진 연인처럼
수많은 몸짓으로
화려한 산세를 과시하며
유유자적 신선의 물놀이를 즐기고 있다

아주 오래-전
광활한 물길 몸 사리지 않고
용기 있게 받아들인
저 산맥의 푸른 근육들,
함께 어우러지니
지상의 장엄한 명화가 아닐 수 없다

옛 추억은 청옥에 물들고
누구라도 이곳에선 탄성뿐이리라
별빛까지 품는 그대 청풍호 영원히 칭송되리라

어린 왕자의 기다림

저 우주
작은 별나라에
아주아주 오래전
피난민 소녀가 살짝 놓고 간
들꽃 한 송이
어느 날
감천 벽화마을에
그 소녀 그리워
은하수 별빛 타고 내려온 어린 왕자

높은 산언덕
늘 그 자리에 앉아
날마다 마을을 내려다보며
하염없이 기다리는
쓸쓸한 뒷모습
화려한 왕자의 모습이 아니라
외로운 소년 같았다

그 소년과 벗하고자
지구촌에서 달려온

사랑의 발길들
뜨거운 태양에도
긴 줄 서서 기다리는
금발의 외국인들
찰칵찰칵 어깨동무 감싸는 소리
들꽃처럼 청순했던
그 소녀 어떤 모습으로 다녀갔을까?

문배마을

시월, 누군가 번개를 친다
강촌 문배마을에 초대하고 싶다고

가을빛 가득한 등산로
양옆의 굵은 밧줄 호위 받으며
긴 호흡으로 정상 찍으니
저만큼 보이는 한 씨네 문패
포근하게 에워싼 산 아래 간판들

진수성찬 한 상 차려
인생을 노래하는 할매들
한 사발 막걸리 수다로 붉어지니
단풍인 줄 땡벌이 앵앵거린다

시월 하순쯤에 서 있는
나그네의 맘, 가을 산이 그 맘을 아는지
품에서 놓아주려 하질 않는다

가사도*

붉게 물든 노을빛을 타고
하늘을 나는 학 무리의 경이로운 풍경에
그 학들을 따라 날아올랐다는
동백사 스님의 전설
스님의 가사가 떨어져 가사도가 되었다는 섬

저 푸른 하늘
새처럼 날고 싶었었나 보다
굴레를 벗은 영혼으로
눈부신 풍경 속에 스며들고 싶었나 보다

어떻게 해야
깃털처럼 가벼워질까?
내 안에 바윗덩이를 부셔야 할까
겉치레 치장부터 버려야 할까
아님, 천사의 날개를 훔쳐야 할까

어쩌면, 어쩌면
스님의 간절한 염원, 순백의 학으로
숨겨진 비경의 석양빛 하늘을 날고 있으리라

*진도군에 있는 섬

울돌목 1

명량해협 상상이나 했을까
그분의 뛰어난 지략과 전술에 감탄뿐이다
조선의 해상권과 나라를 위기에서 구한
역사에 길이 빛나는

시대의 영웅 이순신 장군
'죽고자 하면 살고, 살고자 하면 죽는다'
결사 항전의 병사들에게 용기를 주며

울돌목의 좁은 해협
지형적 물살의 급류를 이용한 해전에서
13척의 배로 133척의 적군과 싸워
왜선을 불태우고 퇴로 시킨 기적의 승전고

420여 년이 지난 아득한 세월
진도 울돌목에 세워진
충무공 이순신 장군의 동상
그 뉘라도 그분 앞에 존중의 마음 들지 않을까
그날의 회오리치는 바닷물 소리가 들리는 것만 같다

울돌목 2

그대는 다 알고 있지요?
그대의 영역에서 값진 희생이 있었음을

좁은 해협을 사수하지 못하면
조선은 어떻게 되었을지를
명량 해전에 목숨 잃은 수많은 수군의 이야기를

하늘 바다 애통하여
시퍼런 물살 바위에 뒹굴어 부딪히며
몸통 찢으며 울었던 그날을
다 알고 있지요?

수백 년 바람길 하얗게 바래도
그대는 아직도 잊히지 않은 숭고한 영령을 위하여
울돌목에 쩌렁쩌렁 울고 있겠지요?

물소리를 꺼내 봐

내게 저장된 물소리를 꺼내 봐
돌 구르며 엉덩이 젖도록
정강이 물고 흐르던 시냇물 소리를

미역감고
물놀이하며
살금살금 고무신으로
송사리 잡던
우리들의 무한놀이터

내 심장을 클릭해 봐
찬찬히 그 물소리를 꺼내 봐
천년지기 이름들 물보라로 솟구칠 테니

-2023 서울 지하철 시 선정작

동창회

저 붉은 몸짓들
바래진 그리움 하나씩 들고
호탕하게 달려오고 있다

살면서 알게 된
시간의 태엽들 다 떼버리고
설레발치는 심장 가슴에 티 나게 달고

늑골까지 차오른
석양빛보다 더 붉은 웃음들
왁자하게 숨찬 교정에 들고 있다

우정의 변곡점

어느 날 웃음기 사라진
서편 하늘의 울컥한 내 인생 돌아보니

유유히 흐르던 강물은
작은 가슴에 넘쳐
감당하기 벅찬 사이가 되고

점차, 버거워지더니
우정이란 무늬만 남긴 채
속사람은 점점 투명 인간이 되었다

친밀감이 쌓이고
정이 쌓이면 마음에 근육이 생긴다는데
우정에도 변곡점이 있는 걸까?

어디쯤 가슴의 허물 부려놓을 수 있을까

관악산 산행

노란 우비의 벗들이 유월 산을 오른다
예쁜 배낭 하나씩 걸머지고
소녀의 수다로 산길을 흔든다
비 내린 숲은 더 큰 푸르름으로
시원스레 무더위를 밀어낸다
쉼터 정자에 도시락 한 상
근사하게 차려 먹으니
임금님의 수라상 부럽지 않다
숲속의 친구들
다람쥐 까치 딱따구리들이
눈인사하며 다가오니
아담과 이브의 시대로 온 듯하다
비 내리는 산행으로
만남은 더욱 깊고 즐거워지며
배꼽 흔드는 웃음소리에
숲도 덩달아 빗소리 장단을 맞춘다
천근의 무게 얇게 저미며 가볍게 하산한다

공원 농구장

연이틀 내리는 봄비 속에
농구장은 텅 빈 채 비를 맞으며
초록의 몸 넙죽이 엎드려 발소리에 예민해진다

겉옷 벗어 던지고
네편 내편 링 흔들며
붉은 볼이 통과되는 순간
청소년의 푸른 기운이 아름답게 발산되는
너무도 풋풋한 활기찬 모습들

창밖을 바라보는 내내
나도 학창 시절 친구들과 함께 뛰던

그런 왁자한 농구장이
오늘 아무도 오지 않는 공허함에
제 몸 여기저기 물비늘 만들며 아련히 젖고 있다

활기찬 언어 택배로 오다

11월 수상한 맹추위를 뚫고
현관까지 달려온 우체국 택배 상자
빈집에 며칠 지새운 포장을 열어보니

뜻밖에도
금빛 용기에 싸인 활기찬 언어들이
푸석한 내 얼굴 빤히 올려다본다

느닷없는 추위 탓에
고부라진 살갗의 근육이 쭈그러드는데
단단한 속지를 채우라며
기운 내 기운 내

어서 활기단活氣丹 한 알 물고
단단한 시 한 줄 쓰라고 채근댄다
헐렁했던 시심이 단단해지는 환한 밤이다
저만치서 벗이 웃는다

-2023년 11월

사과 한 입 먹다가

어릴 적 동무가
빨간 사과 내밀며 같이 먹자 한다
세 명이 한 입 한 입
나도 앙 하고 베어 물었는데 그만
그 자리에 붉은 꽃이 피고 말았어
당황한 나는 냉큼 붉은 꽃을 더 베어 먹는데
그 동무 퉁명스럽게
'너 다 먹어'라고 하였지

이빨 자국에 문드러져
하얀 속살에 핀 붉은 꽃 점
그 후 사과에 대한 기억은 창피함 뿐이었어
사과 한입 베어 먹을 때마다
'너 다 먹어'라는
그 말 지금도 귓가에 윙윙거리거든

붉은 사과 와삭와삭 먹을 때면
피식 웃음도 나지만, 주전부리 귀하던 그 시절
철없던 소녀들의 아린 날을 회상하면
난 아직도 쓸쓸한 기분이 들어

철봉에 매달리며

문틀 위 철봉에 매달려본다
이 악물고 부들부들 30초를 겨우 버틴다

오십견에 좋다고 해서
허리통증에 좋다고 해서

내 나이 열대여섯쯤에는
턱걸이 스무 번 정도 가볍게 했는데

지금은 한 번도 할 수 없으니
나비처럼 날던 시간은 공허한 허세에 불과하고

서늘한 능선에 물들도록
뭐가 그리 내 안에 태산처럼 쌓인 걸까

지혜롭게 구별하는 사람들

사람들은
먼 여정에 많은 것을 지고 간다

나이를 지고, 인생을 지고
부와 명예와 권력을 지고도
강박적으로 불안한 듯
쉼 없이 육에 담는 고집스런 길을 나선다

어떤 사람들은
똑같은 길을 가면서도
깨알 같은 기쁨을 주워 담고
울타리 넘는 웃음을 끌어 담고
이런저런 감사한 마음을 지고 간다

그 안을 살짝 엿보니
분憤이 나도 오늘을 넘기지 않으며
영에 담는 것을 지혜롭게 구별하는 사람들이다

우산

비 오는 날
혼자 우산을 쓰면
양어깨 비에 젖지 않아도
소나기 같은 외로움에 젖어듭니다

비 오는 날
둘이 함께 우산을 쓰면
그대의 한쪽 어깨 젖을지라도
소나기 같은 행복은 젖지 않는답니다

우산은
혼자일 때보다
둘이 함께할 때
소나기 같은 사랑이 더 커지니까요

제4부

뻐꾸기 울음소리

나무들의 밀서

11월 첫차를 기다리는 어둑한 시간
빛바랜 뒤태를 흩날리며
무수한 가을이 떨어지고 있다
밟히고 채이며 바스러지는 소리
찬란했던 시절이 차가운 길 위에 널브러지니

반짝이는 야광조끼의
사내가 안쓰러운 듯
누렇게 뜬 계절을 거두어
낙엽 장이라도 하려는지
커다란 비로 쓰윽 쓱 비질하며
여기저기 봉분처럼 쌓고 있다

나무들은 부랴부랴 잎새에 새긴
자신의 밀서를 날이 새도록 애타게 타전한다
때 되면 내려놓는 것이 삶이라고
다음 생엔 더 붉어지라고……

시는 종교의 통로

곱게 다문 목차에서 문장의 입술을 열고
내시경 보듯 그 속을 찬찬히 들여다보았다
숨죽인 행간의 바람이 현을 켜니
길가의 작은 꽃들이 우주를 품고 설레며
숲 바람소리, 이름 모를 새소리
풀벌레 소리, 물소리들이
함께 어우러져
시공간의 운율을 이루고 있으니
밤하늘의 별들도 윙크하며
사계의 시흥이 반짝반짝 차오르고 있다
시류詩流에 편승한 이 평안함
온 인류에게 위로와 치유를 베풀고
솔로몬 왕, 천상의 시편을 선물로 받는 것만 같다
기도하는 마음 독백하듯 웅얼대며
닮았다, 닮았다, 꼭 닮았다
시는 나의 고백이며 종교의 통로라고
詩가 멈추면 神들의 세계는 어떤 표정일까?

대나무

아주 가끔은
쭉쭉 뻗은 대나무 숲에 들어가
타잔처럼 소리치고 싶다

마디마디 꾹꾹
눌러 담은 순대 속 같은 것들

이제라도
올곧은 인성 한 뼘씩
채우는 속 빈 대나무로 숨 쉬고 싶다

노인과 개

도심 공원에 한 노인
11월 햇살을 끌어안고
바싹 웅크린 몸으로 벤치에 누워있다
한 손에 개줄을 꼭 잡은 채

바닥에 쭈그린
푸들의 갈색 개 한 마리
긴긴 노숙 탓인지
갑옷처럼 엉킨 털 누덕누덕 앞을 볼 수 없다

서로에게 길든다는 것
아름답기보다는 안쓰럽기만 하다

발끝에 차이는 돌멩이도
옹골지게 존재하듯
그들은 서로 버거운 삶을 껴안고
길 위에 누설漏洩의 생을 열어가고 있다

마법의 별빛

밤하늘에 별이 빛나고 있다
누구나 가슴에 별 하나씩 품고 산다
그 반짝이는 별들이

어느 날
별이 아니고 돌이라는 궤변이다
우주공간에, 떠 있는 돌이란다
소원을 빌던 별똥별도
천체에 떠돌던 돌덩이가 떨어지는 거란다

아, 별을 품은 사람들
그래서 가슴이 돌처럼 무거웠나

밤하늘의 돌
여전히 내 안에 반짝반짝 별로 빛나는데
우주의 마법은 참 신비하다

어이타

밤낮으로 불춤 추는 벌건 산마루
세상을 보노라니 창조주께서 노하셨나?
지상에도 자연과 인간이 지켜야 할
의무와 규범이 있건만,
그 규범 코웃음으로 무시하고
파괴하는 무례한 인간들
그 언젠가는
청정한 하늘까지
화염으로 싸일 것 같아
이참에 버르장머리 혼내려는가
비도 아니 내리시고
성난 바람의 불똥으로
산골마다 잉걸불 이글거리며
상상 속 지옥의 불길을 보게 하려는가
평생 불조심, 불조심해도 어이타…
자연이 화나면 인류가 아프고 처참해지는 것을

-2025년 3월 영남지역 산불

금 간 항아리

아직도 지난날의 모습일 거라고
착각하며 배부른 척 서 있다
네 안에 채우고 채워도
목덜미까지 채워야 한다는
욕심 가득한 너의 부富를 자랑하였건만
언제부턴가 너는 예전 같지 않다
몸은 그대로인데
속은 텅 비어 있는 것 같기에
이것저것 게걸스럽게
네 안에 끌어당기더니만
이젠 조심조심 몸 사리며
진 것은 피하고 마른 것만 찾는다
옆구리 터져 질질 흘리는
구차한 모습 보이고 싶지 않아
몸 사레 치며 자신을 지키려 한다
한때는 힘센 뱃살로
기세등등하며 번들거렸는데
그 시절 잊지 못해
넌 오늘도 배를 쑥 내밀고 서서
애써 위엄을, 자존심을 지키려 하고 있다

저 희망찬 소리들

그곳에 가면 천사들을 볼 수 있다
늘 연둣빛 새싹을 껴입은 맑은 영혼의 모습들

수업 시간 책 읽는 목소리에는
언어를 꺼내려 입을 동그랗게 모으고
받아쓰기하는 몸짓들은
낱말 하나라도 놓치지 않으려는 듯
선생님의 시선을 꼬옥 붙들고 있다

조금 느리고 불편하지만
당당하게 자신들의 꿈을 키우며
까르르 금빛 우정을 쌓으며
서로를 챙기고 양보하는 예쁜 마음들
마치 지상에 그들이 먼저 사랑을 전하는 것만 같다

6개월 장애인학교 자원봉사 하면서
내 안에 큰 울림이 번지고 있다
선생님, 선생님 귓전에 맴도는 저 희망찬 소리들…

뻐꾸기 울음소리

창밖을 바라보며
아직도 파문처럼 가슴 젖는 사람들
우두커니 서서 귀 기울이면
절벽절벽 빗소리 밟고 걸어오는 발소리

신작로와 산속의 숲길은
진흙투성이의 군화로 물들고
조국을 지켜야 하는 신념 하나로
새우잠에 올빼미 눈으로 지새운 시간들

유월의 비는 왠지
뻐꾸기 울음소리처럼 구슬프기만 하다
들녘을 적시는 저 비悲의 소리
뻐꾸기 울음이 비를 물고
북녘에도 흥건한 눈물로 흐를까
산화한 땅에 스미어 외로운 영령들 위로할까

옷이 다 젖도록 뛰놀던
사무친 고향에 단비로 내린다면
저 하늘 눈물지며 아이처럼 웃어나 볼 텐데…

망배단

임진각의 하늘은 평화롭기만 하다
누가 이 땅에 피의 절규가 있었다고 할까
저 녹슨 기관차와 자유의 다리는
무엇을 말하려는 걸까

북녘 하늘을 바라보며
가슴 찢는 이산離散의 아픔들
실향민들의 한 맺힌 통곡이
망배단에 흘러넘쳐 임진강으로 흐른다

조국 분단 75년 기막힌 세월

한 많은 1세대
스스로 불효자라 여기는
그 실향민의 수가 줄고 있다고
통일을 염원하는 한민족의 소원들
망배단 제단 위에 북녘 하늘이 울컥 내려앉는다

시 계

다들 너만 보며, 너 아니면 안 된다고 한다
새벽에 나가는 근로자들도
나랏일을 걱정하는 나라님들도
가족의 행복도 기꺼이 너와 함께라야
깊은 신뢰를 쌓을 수 있다고

고작해야 작은 공간에 사는
열두 형제의 숫자
하루라도 너를 안 보면
모든 계획이 헝클어져 버리는
마법에 갇혀 있는 것만 같다고

유행 따라 네 모습 많이 변했지만
너의 둥근 초심은 변함없기에
여전히 많은 사랑을 받나 보다
언제나 둥글게 둥글게
아름다운 질서로 가고 있는 네가 있어
다들 너만 보며, 너 아니면 안된다고 하나 보다

사람의 두 꼬리

사람에겐 두 꼬리가 있단다
그 꼬리를 어떻게 길들이느냐에 따라
행복이 들어오기도 하고
행복이 나가기도 한다고

이왕이면
행복이 들어온다는
꼬리를 만들면 어떨까

눈꼬리 입꼬리 가까이하면 된단다
그냥 큰소리로 웃으면 된단다
거울 앞에서 해보니
내 눈꼬리 입꼬리
정말 민망할 정도로 웃어댄다

아메리카노

코끝의 진한 향기로 다가와
혀끝을 살살 녹이며
달콤하게 심장을
후비고 들어온 그대
사랑이란 볼모로
긴 어둠 속에 나를 가두고
밤새 잠 못 들게 하더니
이제 동창東窓이 밝아 오니
그대의 밤으로부터 자유를 얻으리라

너무 일찍 왔나 봐

새해 첫 월례회
최고 수장인 고문께서
'내가 너무 일찍 왔나 봐, 이젠 늙었나 봐'

회의 시간 십오 분 전에 도착한 옳음이
두 번째로 도착한 나를 보며
머쓱해서 한마디 하신다

다른 옳음이 채워지기까지는
정시定時보다 십여 분 지나서다

그 많은 입이
다른 옳음은 잘 내세우더니
회의 시작 늦어지는 것에는 무언의 관용뿐이다
오래된 관습 탓일까

너무 일찍 왔나 봐, 그런
옳음이 가득한 한 해가 되길 바라본다

마늘밭

홀로 처마 끝에 매달린
고독한 네 심장의 매듭을 풀어내

햇볕 잘 드는
엄지 구멍에 토닥토닥 묻었다

바람이 쓰다듬고
빗소리들이 장단 해주니
바깥세상의 매운맛이 그리운 걸까

피돌기의 시퍼런 심줄로
분연히 일어나 들녘을 흔들어댄다

비닐우산

파란 비닐우산 쓰고
세발자전거로 빗속을 누비던 다섯 살 아이
아득히 멀어지는
대나무 비닐우산 속 세상
그 낭만 하나 붙들고
세월을 반추하며 건너온 아이

그 어른아이 앞에
또 다른 우산 속
세상 풍경이 그려지고 있다

노란 자동우산 쓰고
세발자전거로 빗속을 누비는 동네 꼬마
아마 그 아이도
노란 우산 속 가득했던 세상
그 낭만 가슴에 품고
긴 세월 즐겁게 즐겁게 건너가겠지

반려견 잠든 숲에서

너와 나 종족은
서로 다른 생김새였지만
서로 다른 언어를 사용하였지만
서로 다른 표현을 하였지만
서로 다른 몸짓을 하였지만
서로 다른 음식을 먹었지만

우린 같았어
우린 통했어
우린 느낄 수 있었어
우린 같은 잠자리에 뒹굴 수 있었어
누가 봐도 특별한 가족인 거야 그렇지?

그래서 오늘
특별한 널 보고 싶어
네가 깊이 잠든 숲에 갔었어

땅 위에 글썽이며 서 있는 내게
땅속의 언어로
너무 아파하지 말고

너무 슬퍼하지 말라는 너의 소리를 들을 수 있었어
너와 난 느낌이 통하니까

어떤 물고기의 생

밤새 거센 파도에 휩쓸려
좁은 수로 水路에 갇힌 물고기들
바닷길 모래언덕에 막혀 할딱이는 생명들

그 마을 아주머니
긴 장화 신고 큰 우럭, 새끼 우럭
두 손으로 능숙하게 잡아 집으로 향한다

아침 산책길에 마주한
필사적인 몸태질 가슴에 짠하게 복사되어
온종일 페이지를 넘길 수가 없었다

제5 시집 축하 글

사)한국문인협회 동두천지부 역대 지부장

전순선 시인 제5 시집 발간을 축하하며

최수경(제3, 4, 5대 지부장)

전순선 시인의 다섯 번째 시집을 축하하면서

시의 열정이 남다른 전순선 시인과는 오래전 지역문학지 소요문학 때부터의 인연으로 사단법인 동두천문인협회 회원에 이르기까지 가까이하면서 문학에 관한 크고 작은 행사는 물론, 서로 도움을 주는 관계로 지내왔다.

시인은 동두천문인협회에 안주하지 않고, 외부 활동으로 한국문인협회, 한국시인협회, 현대시인협회, 경기문협, 착각의 시학 등 폭넓게 터를 잡으며 문학활동과 아울러 정보를 공유하고 있다. 한가지 예로 2년 전에 나 자신도 전혀 몰랐던 '한국예술인복지재단 창작지원금' 수혜로 시집 『긍정을 걸었다』을 출간할 수 있도록 도와준 고마운 시인이다. 그 이후 동두천문인협회 회원 몇 명이 똑같은 절차로 창작지원금 수혜로 시집을 출간하였다.

이번 전순선 시인의 다섯 번째 시집 『저 꽃구름을 접으면』을 보면, 영원히 못 오실 어머니를 그리워하는 마음을 어쩌면 이렇게 살갑게 표현할 수 있을까?

시인의 천부적인 시적 재능이 아닐까 생각한다. 누군들 안 계신 어머니가 그리워질 때 눈물이 앞을 가리지만 표현을 하려면 막막하지 않은가!

    눈부신 오월
    저 꽃구름을 접으면
    천상의 어머니 모습이 보일까

    촉촉이 젖는
    눈물의 봄비 접으면
    무지개다리에 어머니 모습 보일까

    아니 아니야
    오목하게 아픈 내 맘 접으면
    어머니 그제야
    오월 꽃구름 속 환하게 웃으실 거야

    보고픈 마음 하나
    폴폴 풀어 파아란 하늘 만지작거린다

                      저 꽃구름을 접으면 −전문−

따뜻한 마음으로 끝없이 정진하는 전순선 시인의 문운을 빈다.

전순선 시인 제5 시집 발간을 축하하며

이미라(제7, 8대 지부장)

전순선 시인은
지역의 소요문학회에 신인 입상자로 입회하면서 인연이 시작되었던 것 같다.
처음 시인에게서 타 지역의 공무원으로 근무했었다는 소개를 들으며
첫인상은 직업에서 보는 느낌 때문이었는지, 단아하면서도 정확하고 단호한 모습이었다.
약간의 사투리와 늘 빠른 걸음, 빠른 말씨는 부지런함을 엿보게도 했다.
그동안 동문으로 오랜 세월 함께였던 시인은 지인들이나 벗들에게 꼿꼿한 생각으로 정직과 합리성을 주장하는 문인이다. 그리곤 다독이며 아울러가는 다정다감한 아량을 베풀기도 한다.
때로는 먼 곳에, 때로는 가까운 곳에, 곁에 있는 듯도, 없는 듯도 한 정적인 여성이다.

시인은 약력에서도 나타나듯이 문학 활동 또한 감히 따라갈 수 없이 활발한 행보를 보여주고 있다. 시인은 더불어 삶의 발길 스치는 곳곳에 시를 심어 놓았다.

그동안 발간한 시집 『별똥별 마을』, 『풀잎의 등』, 『직립의 울음소리』, 『바람의 둥지를 찾아』, 이번에 발간하는 『저 꽃구름을 접으면』 책의 제목만 보아도 자연과 한 몸인 듯 유유자적 흐르며, 사시사철 변모하는 자연에 몸과 마음을 온전히 맡기고 있다.

유난히 가족애가 절절한 심성 또한 詩 속에 사랑과 그리움으로 녹아 있다.
많은 시인들의 질척질척한 가족에 관한 애잔함이 아닌, 시어의 선택과 배경, 창작성에 눈길을 머물게 하나 싶으면 어느새 맘이 젖게 되는, 단아하면서도 절제된 시가 전순선 시인의 특징이다.

시집을 읽는 동안
유아적 기억까지 잔잔히 끌어내는 데 동참하게 하는 묘한 힘이 있다.
이번 시집의 제목처럼 나도 꽃구름 하나 접어볼까 한다.
「대나무」 시에서처럼 대나무 숲에 들어가 타잔처럼 함성 지르며, 늘 꽃꽃한 대나무로 살아갈 수 있기를 바라며, 다시 한번 제5 시집 출간을 진심으로 축하한다.

전순선 시인 제5 시집 발간을 축하하며

장호순(제9대 지부장)

5월의 만남
목련.
아름답다 하더니
어느새 산 너머 무뎌진 봄 자락 홑치마 바람에 사라지고 5월의 싱그러운 신록이 뭇 시인들의 마음을 꽉 채우고 조금씩 그 감정이입을 비워가는 여정 속에서, 오늘은 전순선 여류 시인을 만나고 싶다.

자아의 발길을 변화무쌍한 자연과 부딪히며 때로는 여유롭거나 느슨하게, 무언의 대화로 순화하는 서정적 표현과 꼭닮은 시인의 옆모습이 가히 아름답다 하겠다.
삶의 여백을 자연 어디엔가 내려놓고 마을 어귀에 하늘의 『별똥별 마을』 첫 번째 옥고의 시집을 순산하고, 연이어 『풀잎이 등』, 『직립의 울음소리』, 『바람의 둥지를 찾아』 인생 칠부능선의 거부할 수 없는 시간들….

여지없이 달려가는 저만치 세월을 붙잡고 싶은 욕망이 시인의 발목을 잡고 다섯 번째 시집 『저 꽃구름을 접으면』 제목부터가 뒤안의 펼쳐지는 저자의 폭넓은 생각을 이미 독자의 몫으로 던져 놓은 듯하다.
때론 둥지의 포근한 사랑이 그리워 방황한 적 왜 없었을까 싶다.
천진스런 유소년 시절부터 자연의 쉼터에서 바람소리, 물소리, 들꽃, 소녀의 검정 고무신, 송사리 떼의 고집을 꺾어, 시인의 마음속 깊숙이 저장해 놓고는 가끔 회상의 언저리로 끌어내 추억의 미소가 여울져 나간다.

멀리 서해로 가는 능선의 바다에서 석양의 5부작 『저 꽃구름을 접으면』, 전순선 시인의 후속작품이 자못 기대가 되며 문학세계의 새로운 지평을 열어갈 것으로 기대해 마지않는다.
여기까진 남은 황혼의 세월 보글보글 김치찌개 인연으로 남고 싶다.
다시 한번 다섯 번째 시집 출간을 진심으로 축하드린다.

전순선 시인 제5 시집 발간을 축하하며

손순자(제10대 지부장)

전순선 시인의 시를 읽고 있으면 유년 시절 고향 친구를 만나 철부지 시절을 회상하며 수다를 떠는 듯 착각에 빠집니다.
시는 자신의 상처와 허물도 진솔하게 담아내는 치유의 그릇이라고들 합니다. 솔직하고 정겨운 전순선 시인의 시적 표현은 참으로 다양합니다.
가끔씩 1호선 전철을 탈 때면 전순선 시인의 세 번째 시집에 수록된 필자의 머릿속에 각인된 시 「전철에서 코딱지 파내는 남자」가 생각나 슬며시 웃음이 나기도 하면서 혹시나 하고 두리번거리게 됩니다.

"말랑한 말을 만들기 위해 언어와 언어 사이에는 부드러운 공기를 넣어야 한다."라고 말하는 시인은 매일 반복되는 일상에서 자신만의 독특한 시어로 상황을 묘사하는 뛰어난 재능을 가진 시인입니다. 호기심에 가득 찬 어린 아이처럼 맑고 투명한 마음으로 세상을 바라보는 시인의 눈은 사물을 가볍게 지나치지 않습니다.

자연에 시선을 둔 詩는 서정적 모습으로 포도알처럼 탱

글탱글 알알이 살아있어 생명력이 넘쳐나고, 눈부신 오월 꽃구름 속에서 천상에서 환하게 웃고 계실 어머니를 만나기도 합니다.

전순선 시인은 자신이 하고 싶은 말과 느낀 생각을 거침없이 솔직하고 꾸밈없이 깊이 있게 관찰하고 감성을 자극하며 이미지를 생동감 있게 그려내는 능력이 탁월합니다.

예리한 시인만의 감성으로 빚은 보석 같은 시, 향기가 녹아있는 시, 사람 냄새 물씬 배어 나온 시들이 독자의 가슴에 큰 울림과 위로가 되기를 바랍니다.

다섯 번째 시집 출간을 진심으로 축하드립니다.

전순선 시인 제5 시집 발간을 축하하며

김정자(제11대 지부장)

처음 강원도 태생의 전순선 시인을 만났을 때 표정이나 말투로 보아 아무에게나 쉽게 마음을 내어주는 사람이 아니라고 생각했다. 강원도 특유의 말투나 억양이 표준어나 표준말로 들리는 것에 익숙하지 않아 그럴 수 있었겠지만, 지금은 짓궂은 농으로 강원도 말을 흉내 낼 정도가 되어 서로가 서먹한 관계는 오래전 이야기이다.
전순선 시인은 25년여 지기로 소요문학이라는 학습동아리 문학단체모임을 함께 하였으며, 내가 동두천문학의 문학단체 지부장을 맡았을 때 총무의 역할을 야무지게도 해낸 귀한 분이셨다.

전 시인은 좋은 시를 쓰기 위해 부단히 노력하는 사람이다. 스스로의 발전을 위한 공부를 위해서라면 거리가 머다 하지 않고 어디든지 달려간다. 시간이 부족하다는 핑계 한 번 대지 않고 보고 배운 시 창작에, 배가 불러 숨이 찰 정도여도 두 눈에, 뜨거운 가슴에 가득 담아온다.
숙성을 잘하고 잘 익힌 맛있는 먹거리를 투박하지만, 더 플더플 내놓는 맛집처럼 맛깔스러운 시어로 내놓는 재주 또한 가지고 있다.

시를 쓰는 시인은 시를 써야만 하는 이유가 있기에 시를 쓴다고 한다.
어떤 이는 도저히 '참을 수 없어서 시를 쓴다'고 한다.
전순선 시인에게 묻지는 않았지만, 5번째 시집을 내면서 본인의 삶을 살아냈던 축적된 맛의 향기가 얼마만큼 스스로를 반추하고 있을까가 갑자기 궁금했다. 더군다나 보잘것없는 내게 축하 글을 부탁하니 몸 둘 바를 몰라 시인의 시를 통해 무한한 공감과 지난 추억을 되살리는 요술 같은 시간들이 고맙고 감사하다.
그녀의 많은 시 중에 시 한 편을 소개하자면 단연코 꽃피는 겨울밤이다.

창호지 문틈으로
날갯짓하는 엄동 바람과
밤새 당당히 맞서는 문풍지의 기세
문고리 단단히 건 식구들은
옹기종기 북풍의 밤을 이겨내고 있다.

호야 불 아래
아버지는 일찍 자리에 드시고
어머니는 화투패를 떼고
오빠랑 나랑은
우적우적 동치미를 먹어대며
달빛에 일렁이는 빨래 그림자에
화들짝 놀라 이불 속으로 파고들던 유년의 날들

토막토막 여윈잠에
얼음물 같은 그때를 꼬옥 붙잡고
둥그머니 기대어 있으면
화석 같은 내 안에 모락모락 꽃이 피어난다.

꽃피는 겨울밤 -전문-

「꽃피는 겨울밤」의 시 구절을 보면 행마다, 연마다 시적 표현에 대한 유년의 추억을 따뜻한 된장국처럼 끓여냈다. 아무리 먹어도 질리지 않는 한국인의 밥상에 빼놓을 수 없는, 구수한, 시원한, 뒷맛이 개운한 맛이 들어있는 된장국이야말로 우리의 최고 발효식품 중 하나인 것처럼 마치 시인의 시가 숙성의 기간을 지낸 된장의 맛과 같다. 충혈된 두 눈이 바빠지고 심장이 들썩거렸다.

시인처럼 나도 몸이 기억한, 감히 창호지 한 장으로 겨울을 버텨내던 문풍지와 문틈을 비집고 들어온 지난날 칼끝처럼 매서웠던 야속한 바람을 바라보았다.
문풍지도, 문고리도 옹기종기 북풍의 바람을 이겨내는, 전기가 들어오기 전 호야불, 오늘날 먹거리만큼 풍족하지 않았던 시절, 살얼음 동동 뜬 동치미, 헛간 땅속에 묻어놓았던 무는 동지섣달 긴긴밤 같은 시절을 보낸 우리 시절의 건강한 간식이자 야식이었다.

오래전 얇게 닳은 숟가락으로 구멍 나지 않게 긁어 어미 새처럼 4남매의 입에 골고루 넣어주던 내 어머니의 깊은 겨울밤이 스치듯 지나 나 또한 지난날 추억이 시인의 시구처럼 모두 화석이 되었음이 오래다.

그리고, 전 시인님의 어머니는 그 참에 왜 화투패를 떼고 계셨을까? 오늘의 운세가 맞았는지 내일 있을 일들의 예측을 위해서인지, 화투패의 답은 시인만은 알 것 같은 생각이 들었다.

우리가 내일을 알고 미래를 미리 알아 한참을 달려왔다 하면 지나온 흔적마저 희미한 발자국마다 행복하고 건강한, 후회 없이 잘 살아낸 삶을 자신있게 말할 수 있을까? '토막토막 여윈잠'에서 혹여 시인의 건강상 아픔을 노래한 것이 아닌가 하는 되지도 않는 걱정이 앞서기는 하였지만, 그래도 퇴적암 안에 함께 퇴적된 흔적으로 '화석 같은 내 안에 꽃이 피어난다'라는 결말은 긍정적 에너지를 표현해 내는 시인의 신선한 의지가 돋보이기도 한 대목이었다.

전순선 시인의 5번째 시집 『저 꽃구름을 접으면』 출간을 다시 한번 축하드립니다.

전순선 시인 제5 시집 발간을 축하하며

최상경(제12, 13대 지부장)

『저 꽃구름을 접으면』 출간을 축하하며

전순선 시인의 다섯 번째 시집 『저 꽃구름을 접으면』 출간을 축하하는 마음으로
그동안 시인이 걸어온 발자취를 반추해 본다.

지난 2005년에 등단한 전순선 시인은 2017년 첫 시집 『별똥별 마을』을 출간한 이래 꾸준히 창작활동을 이어왔다. 부단히 이어진 글쓰기와 동두천문인협회 활동을 통해 동두천 지역의 문화 발전에도 이바지하고 있음은 물론이다.

전순선 시인은 평소 독특한 시선으로 사물을 관찰하고, 토속적이며 정감이 있는 시어를 통해 개성 있는 작품을 창작해 많은 사랑을 받았다. 특히 이번 시집의 대표작이라 할 수 있는 「저 꽃구름을 접으면」의 내용을 살펴보면 어머니에 대한 짙은 그리움이 묻어나는 것을 느낄 수 있으며, 「첫눈이 시詩로 오는 날」에서는 지상의 허물을 하얗게 덮으며 내리는 첫눈의 풍경을 사실적으로 묘사하면

서도 '하늘이 지상에 시를 짓는다'고 개성 있게 표현하며 시적 상상력을 펼치고 있다.

이번 시집에는 이처럼 감동을 전하면서도 시인의 개성이 녹아있는 작품이 많이 수록돼 있다. 시집 출간을 거듭하며 지속적인 시적 변모를 보여주는 전순선 시인의 행보가 앞으로 어느 방향으로 향할지 더욱 기대되는 이유다.

전순선 시인 제5 시집 발간을 축하하며

김정희(14대 지부장)

먼저 전순선 시인의 다섯 번째 시집 출간을 진심으로 축하드린다. 처음 동두천문인협회에 가입했을 때 시인의 풍기는 이미지는 엄격하고 도도한 사감 선생님 같다는 느낌이 들어서 쉬이 다가서지 못했는데, 날이 갈수록 함께하는 시간이 늘어나다 보니 서로의 속마음을 들여다볼 수 있었고 친밀해지게 되었다.

시인은 대외적으로 문단의 교류가 많은 관계로 문단 행사나 일정에 대한 정보가 많아 동두천문인협회에서 항상 선발주자로 정보를 알려주는 알리미 역할도 하며, 수상 경력 또한 높이 사야 할 성과라고 할 수 있다. 또한 동두천문협 행사에도 적극 참여하여 도움을 줄 뿐만 아니라 여러 문단 행사에도 회원들의 참여를 권유하기도 한다. 저도 시인의 권유로 매년 11월 1일 '시의 날' 기념 광화문 축제에 참석하여 문단의 기라성 같은 시인들과 작가들을 뵙고 인사를 나누는 기회를 함께하기도 하였다.

전순선 시인은 등단 20년을 맞아 다섯 번째 시집을 출간하며, 시인의 끊임없는 열정과 글쓰기에 경이와 찬사를 넘어 부러움이 더 크게 다가오는 건 왜일까?
그의 시집 1집 『별똥별 마을』에는 「나무 냄새」라는 시가 실려있다. 굼벵이들이 사는 초가집에 어린 시절 아버지에 대한 기억들이 아련하게 펼쳐지는,
'안을 수도, 만질 수도 없는 아버지의 옆어지는 냄새가 아직도 입을 열 때마다 난다'라는 구절에서 가슴이 미어지는 건 나만의 느낌일까?
우리들의 세대 그 시절 비슷비슷한 환경과 삶 속에서 느꼈던 기억을 풀어내는 절절한 기법 또한 나만 느끼는 것일까?

2집 『풀잎의 등』은 '황소의 등인 줄 알았던 엄마의 등이 여린 풀등'이라는 것을 알게 되는 것이 우리는 언제쯤이었을까?
3집 『직립의 울음소리』에서 모든 것을 떨군 겨울나무가 어머니의 옹이진 시린 세월처럼 지금의 내 모습 되어 섰다가, 4집 『바람의 둥지를 찾아』가는 인생 여정이 아닐까 생각하며, 시인의 4권의 시집 제목을 연결하며 하나의 이야기를 엮어 보았다.

인생 100세 시대 시인의 미지의 이야기를 기대하며, 축하와 함께 축하 글을 쓸 수 있는 기회를 주셔서, 시인의 한 사람으로서 감사함을 전한다.
전순선 시인의 5집 『저 꽃구름을 접으면』이 독자들에게 많은 사랑 받기를 기원한다.

전순선 시인 제5 시집 발간을 축하하며

전호성 지부장(2025~현재)

전순선 시인을 동두천 문협에서 처음 만났을 때 조그마한 체격에 단아한 모습이 눈에 선합니다. 그 시인께서 이번에 5번째 시집 『저 꽃구름을 접으면』을 출간한다는 소식을 들었을 때, 처음 본 이후 전 시인을 쭉 보아오면서 느꼈던 그 힘과 정열을 다시 한번 확인할 수 있었습니다.

문협 활동을 같이하면서 접한 전 시인의 시는 항상 우리와 함께하고 있었습니다.
내 어머니를, 어렸을 적 우리 동네를, 뛰놀던 강과 산을, 함께 지내온 해와 달과 별들을, 일상의 틈에서 피어난 언어들을 가지고 고요하지만 결코 무르지 않고, 투명하지만 단단하게 한없이 깊고 넓은 사유의 실로 비단을 짜듯, 조심스럽고 섬세하게 화려하면서도 인간미를 잃지 않게 그려내고 있었습니다.
전 시인의 글을 읽고 있으면 시인과 동네 마실을 나가 함께 호흡하며 걷는 듯한 착각에 빠져들게 합니다.

전순선 시인은 단순한 작가라는 언어의 틀에만 갇혀 있지 않고, 공동체와 함께 발걸음을 같이하는 시인의 길을 실천해 왔습니다.

우리가 함께하는 동두천 문인협회 부지부장을 3년이나 역임하셨을 뿐 아니라, 한국문인협회 문학생활화 위원, 경기도문인협회 저작권 옹호위원장, 현대시인협회 이사 등을 활동하며 한국문학의 토양을 가꾸고 사회적 확장을 위해 노력하는 문인입니다.

이러한 공을 인정받아 동두천 시민의장, 동두천 국회의원, 시장 등 다수의 상을 수상하였습니다. 물론 문학적으로 백교문학상, 한용운문학상 우수상, 경기도문학상 등 많은 수상 경력은 더 이상 말이 필요 없을 듯합니다.

시인께서 이미 이루어낸 문학적 성취와 꺼지지 않는 열정을 보면, 지금보다도 앞으로가 더욱 기대되는 우리 문단사의 귀감이 되리라 확신하면서, 다섯 번째 시집 출간을 축하하며 축하의 글을 전합니다.

전순선 시인 문단 발자취

- 강원도 고성 출생
- 2005년 2월 월간 『문예사조』 신인상 시 등단
- 한국문인협회 시분과 회원
- 한국문인협회 문학생활화 위원
- 한국시인협회 회원
- 사친문학 회원
- 경기도문인협회 저작권옹호위원장
- 한국현대시인협회 이사
- 문학그룹샘문 이사
- 아태문학 시분과위원장 역임
- 착각의시학작가회 이사
- 신문예문학회 부회장 역임
- 동두천문인협회 총무, 부지부장 역임
- 소요문학회 편집장 역임
- 강원 고성문인협회 회원(전)
- 한국예술인복지재단 예술활동증명 완료
- 2023년 한국예술인복지재단 디딤돌 창작지원금 수혜
- 한국문학인대사전 수록(2022년 12월)
- 고성군여성회관장(전)
- 청운대학교 졸업

수상

- 제17회 한국수자원공사 시 은상
- 제5회 춘우문학상 본상
- 제5회 동두천문학상
- 제 3회 아태문학작품상
- 제12회 백교문학상 우수상
- 제36회 경기여성기예경진 시 입상

- 제60회 강원문인협회 시화 공모 시 우수상
- 제34회 동두천시민의장(문화예술장)
- 제2회 한용운문학상 우수상(계관, 시부문)
- 제7회 시끌리오 한국작품상
- 제31회 경기도문학상 우수상
- 표창장 (문화예술)-동두천시장, 국회의원
- 서울지하철 詩 공모 선정작
 2019-매미, 2020-어떤 바람이, 2023-물소리를 꺼내 봐
- 2025 감사장-도서출판 생각나눔 대표 이기성

시집

- 2017년 제1집 『별똥별 마을』
  - 발 문 나호열 (시인·경희대 교수)
- 2019년 제2집 『풀잎의 등』
  - 해 설 지은경 (시인·문학박사)
- 2022년 제3집 『직립의 울음소리』
  - 해 설 허형만 (시인·목포대 명예교수)
- 2023년 제4집 『바람의 둥지를 찾아』
  - 평 설 이성림 (문학박사·명지대 명예교수)
  - 표4 글 이승하 (시인·중앙대 교수)
- 2025년 제5집 『저 꽃구름을 접으면』
  - 표4 글 신달자 (시인·대한민국예술원 회원)
  - 축하 글 동두천문협 역대 지부장

공저: 『시와 종교』, 『우애의 새벽』, 『시무릇』 외 다수

모바일 010-3590-3928
이메일 jss2918@naver.com

저 꽃구름을 접으면

펴 낸 날 2025년 7월 18일

지 은 이 전순선
펴 낸 이 이기성
기획편집 이지희, 서해주, 김정훈, 최인용
표지디자인 최인용
책임마케팅 강보현, 이수영
펴 낸 곳 도서출판 생각나눔
출판등록 제 2018-000288호
주　　소 경기도 고양시 덕양구 청초로 66, 덕은리버워크 B동 1708, 1709호
전　　화 02-325-5100
팩　　스 02-325-5101
이 메 일 bookmain@think-book.com

• 책값은 표지 뒷면에 표기되어 있습니다.
　ISBN　979-11-7048-898-9 (03810)

Copyright ⓒ 2025 by 전순선 All rights reserved.
・이 책은 저작권법에 따라 보호받는 저작물이므로 무단전재와 복제를 금지합니다.
・잘못된 책은 구입하신 곳에서 바꾸어 드립니다.